汪国真诗精选

汪国真 著

南海出版公司
·海口·

图书在版编目（C I P）数据

汪国真诗精选 / 汪国真著. -- 海口 : 南海出版公司，2017.1（2023.11 重印）
ISBN 978-7-5442-8624-4

Ⅰ. ①汪… Ⅱ. ①汪… Ⅲ. ①诗集—中国—当代 Ⅳ. ① I227

中国版本图书馆 CIP 数据核字（2016）第 287726 号

WANG GUOZHEN SHI JINGXUAN
汪国真诗精选

作　　者　汪国真
总 策 划　邓敏娜
责任编辑　曾科文　孙翠萍
特约编辑　邓敏娜　潘　颖
时尚摄影师　陈　勇
版式设计　任　意　姚梅桂
装帧设计　壹诺 vivi | QQ:10846787
出版发行　南海出版公司　电话:(0898)66722926(出版)(0898)65350227(发行)
社　　址　海南省海口市海秀中路 51 号星华大厦五楼　邮编：570206
电子信箱　nhpublishing@163.com
经　　销　新华书店
印　　刷　长沙鸿发印务实业有限公司
开　　本　850 毫米 ×1168 毫米　1/32
印　　张　8
字　　数　124 千字
版　　次　2017 年 1 月第 1 版　2023 年 11 月第 4 次印刷
书　　号　ISBN 978-7-5442-8624-4
定　　价　22.80 元

目录

CONTENTS

爱情像一杯清茶

当你出现
爱情就像一杯清茶
来到身旁
在我眼里
那些五颜六色的饮料
没有一种
能散发永远的芳香
你笑的时候
世界仿佛也变得明亮
那拥塞的街衢
也变得很宽敞
我们一起走
走过繁华
去寻找传说中的古塔
在古塔浓重的阴影里
留下一个
闪着金色光泽的童话

生命之爱

我渴望走进
你的生活里去
不是为了
破译秘密
面对变幻无穷的季节
谁能奢望　一览无余
我将用整个生命爱你
却也会始终属于自己
回首我们相处的日子
你会发现
没有秋天
只有秋天留下的些许
痕迹

我的心你可懂得

我的心你可懂得
爱上你我却不知怎样诉说
想说的愿望折磨我的心
说不出口让我的心受折磨
爱情真是一道难解的题
怕说错　更怕错过

我的心你可懂得
就像春风理解那满山花朵
我的心你可懂得
就像秋日眺望那遍野田禾
爱情真是一个难解的谜
怕错过　也怕猜错

蓝天上白云轻盈飘过
那里有我深深的寄托
夜空里繁星晶莹闪烁
那里有我心海波光折射
走近你并非因都是天涯行客
数尽缤纷心中只有一道景色

叠纸船的女孩

他长大了
认识了一个
喜欢叠纸船的女孩
那个女孩喜欢海
喜欢海岸金黄的沙滩
喜欢在黄昏里的沙滩漫步

有一天
那个女孩漫步
走进了他家的门口
晚上　妈妈问他
是不是有个女孩子来过了
他回答说
没有　没有啊

妈妈一笑
问那个纸船是谁叠的

两个人的故事

如果你是一本杂志
赏心悦目的封面
我便是这本杂志
深沉浑厚的封底

那中间厚厚的
是我俩的故事
写满了我们的
忧愁　欢乐　追寻　希冀

我们亲密地连在一起
这些故事是那样诱人
如果我们一旦分离了
诱人的故事便会被降价处理

有你的日子总是有雨

不知是有意还是无意
有你的日子总是有雨
有雨的日子我没有带伞
雨水淋在脸上　湿在心里

一生中有许多相遇
最快乐的相遇是认识了你
一生中有许多过错
最心痛的过错是失去了你

我不想让心哭泣
可又怎么面对这伤心的故事
为什么　为什么
忧伤总是期待的结局

你就是我的梦

你就是我的梦
可如今这梦已成泡影
想拉住你的手却不能够
流泪的心不知不觉已是烟雨蒙蒙

悔当初为什么不向你倾诉衷情
恨今后怎独守那长夜孤灯
让我将如何面对这凉风暖风都是悲风
让我将如何怀想这过去未来都是伤痛

从今后这心中的天哪还有个晴
从今后这眼里的山哪还有个青
怕只怕秋来望那满地落英
怕只怕春来看那花如泪凝

我微笑着走向生活

我微笑着走向生活　无论生活以什么方式回敬我
报我以平坦吗　我是一条欢乐奔流的小河
报我以崎岖吗　我是一座大山庄严地思索
报我以幸福吗　我是一只凌空飞翔的燕子
报我以不幸吗　我是一根劲竹经得起千击万磨
生活里不能没有笑声　没有笑声的世界该是多么寂寞
什么也改变不了我对生活的热爱　我微笑着走向火热的生活

偶　感

读你的信
仿佛在读一颗玻璃的心
你对我说
不是爱得不深
不是爱得不真
是爱得太遥远啊
一声喟叹
足以把道路摧断
令落英缤纷

让我怎样回答你呢
千古一道题
困扰往往来来多少人
我想　这便是一种
忧伤的浪漫吧

如果心相通
隔着千里也握手
只要志相投
一生无缘梦也真

远离爱情

即使有睿智如星

也笔笔难描爱情

爱在潺潺溪流

爱在蓊郁树影

爱在每一个季节　四季常青

有时真想远离爱情

因为孤独也是一种意境

可是好似

情丝难断　尘缘未了

不是不愿　而是不能

只要彼此爱过一次

如果不曾相逢
也许　心绪永远不会沉重
如果真的失之交臂
恐怕一生也不得轻松

一个眼神
便足以让心海　掠过飓风
在贫瘠的土地上
更深地懂得风景

一次远行
便足以憔悴了一颗　羸弱的心
每望一眼秋水波澜
便恨不得　泪光盈盈

死怎能不　从容不迫
爱又怎能　无动于衷
只要彼此爱过一次
就是无憾的人生

默默的情怀

总有些这样的时候
正是为了爱
才悄悄躲开
躲开的是身影
躲不开的　却是那份
默默的情怀

月光下踯躅
睡梦里徘徊
感情上的事情
常常　说不明白

不是不想爱
不是不去爱
怕只怕
爱　也是一种伤害

她

宁肯像种子一样等待
也不愿像疲惫的陀螺
旋转得那样勉强
尽管冬天的路
可能还要延续很长很长
她却相信　这丰腴的土壤

爱是纯真的
不爱也是纯真的
失去纯真
换取一袭轻柔的白纱
白纱也会变得冰凉

◎摄影师：陈勇

永在一起

如果你是壮丽的晨曦
不必问我的浩瀚在哪里
如果你是峥嵘的峰峦
不必问我的出岫在哪里
如果你是大漠的孤烟
不必问我的笛声在哪里
如果你是长河的落日
不必问我的奔流在哪里

我不是你的影子
但和你永在一起

自 爱

你没有理由沮丧
为了你是秋日
彷徨

你也没有理由骄矜
为了你是春天
把头仰

秋色不如春光美
春光也不比秋色强

剪不断的情愫

原想这一次远游
就能忘记你秀美的双眸
就能剪断
丝丝缕缕的情愫
和秋风也吹不落的忧愁

谁曾想　到头来
山河依旧
爱也依旧
你的身影
刚在身后　又到前头

能够认识你，真好

不知多少次
暗中祷告
只为了心中的梦
不再缥缈
有一天
我们真的相遇了
万千欣喜
竟什么也说不出
只用微笑说了一句
能够认识你，真好

夙 愿

总是在寻找一种
美丽的感觉
却空耗了许多
如水的岁月
不知抛却了多少
月下之约
只为了保留那份
珍贵的纯洁
那颗心
很高很高
叹只叹
命却很薄很薄
这个世界毕竟太大啊
那份缠绵
又到哪里去找

纵使常抱一怀惆怅的月光
终不甘洁白的夙愿难偿
多少人向岁月投降
她却比岁月更坚强

前边，有一座小桥

你也沉默
我也沉默
我们中间有一条
无名的小河
默默地流着

你也不说
我也不说
任凭思念的白云
从河面上
悄然飘过

还是走吧
前边，有一座小桥
在河面上架着

珍惜过去

不必对我说
你曾经有过的爱
是一种过错
既然你曾在繁星闪烁的夜晚
同另一个人在小路彳亍
那就在记忆里
把那如水的月光好好收藏着

不要因为爱我
就否认过去的爱
也是一种美丽
凡是真心付出过的
都不要在后来再给予指责
我不会怪你怨你
——亲爱的
珍惜过去
真心爱我

黄昏的小路

我们总是在黄昏
放慢了脚步
踏上了小路
小路好长好长
仿佛永远没有结尾
只有序幕

没有一条道路
我们能走得这样耐心
这样幸福
走了很远很远
小路依然如故
你我却已不是当初

让星星把我们照亮

让我说什么
让我怎么说
当我爱上了别人
你却宣布爱上了我

该对你热情
还是该对你冷漠
我都不能
对于你　我只能是一颗
无言的星
在深邃的天庭
静静地闪烁

闪烁　却不是为了诱惑
只为了让那皎洁的光
照亮你

也照亮我

照亮一道纯净的小溪

照亮一条清澈的小河

心中的玫瑰

为了寻找你
我已经是伤痕累累
青春的森林真大啊
你的声音　又太轻微

眼睛还燃烧着渴望
心已是很憔悴
真想停下来歇一歇
怎奈岁月如流水

星星在每一个夜晚来临
候鸟在变幻的季节回归
我却不知
该是等待你　还是寻找你
心中的玫瑰

怀　想

我不知道
是否　还在爱你
如果爱着
为什么　会有那样一次分离

我不知道
是否　早已不再爱你
如果不爱
为什么　记忆没有随着时光
流去

回想你的笑靥
我的心　起伏难平
可恨一切
都已成为过去

只有婆娑的夜晚

一如从前　那样美丽

沉默就是我们的语言

我们总是用心灵交谈
沉默就是我们的语言
那双眸子
表述着一切
在水为舟　在山为泉

最美丽的谈话是无声的
每一个会意的眼神
都令人感慨万千
两颗心仿佛是一样的
不一样的只是容颜

许　诺

不要太相信许诺
许诺是时间结出的松果
松果尽管美妙
谁能保证不会被季节打落

机会　凭自己争取
命运　靠自己把握
生命是自己的画板
为什么要依赖别人着色

总想爱得潇洒

总想爱得潇洒
不辜负青春明丽的韶华

如果要爱
就爱得有声有色

如果要走
就走得无牵无挂

谁料
秋瑟难忘春花时
欲想潇洒
偏难潇洒

拿是拿得起
放却放不下

何必问彼此的姓名

既然再不能相逢
何必问彼此姓名
留一点遗憾在心底
去填补记忆的裂缝
雨后的水洼会干
一支蜡烛也难以亮到天明
这一次邂逅不是永恒
但美好的往事会像琉檐下的风铃

赠我一只苍鹭

你画了一只鸟
我知道它的名字叫苍鹭
你却偏偏写上了它的俗称
——老等
老等
没有苍鹭好听
可是却写尽了
一种令人心颤的感情
还是赠我一只苍鹭吧
让我只联想水库和湖泊
或者鱼蛙与昆虫
苍鹭会飞
老等　让我感觉太沉重

是 否

是否　你已把我遗忘
不然为何　杳无音信
天各一方

是否　你已把我珍藏
不然为何　微笑总在装饰我的梦
留下绮丽的幻想

是否　我们有缘
只是源头水尾
难以相见

是否　我们无缘
岁月留给我的将是
愁绪萦怀　寸断肝肠

如果生活不够慷慨

如果生活不够慷慨
我们也不必回报吝啬
何必要细细地盘算
付出和得到的必须一般多

如果能够大方
何必显得猥琐
如果能够潇洒
何必选择寂寞

获得是一种满足
给予是一种快乐

悄悄话

过来

告诉你一个秘密

不和云说

不和星说

只和你说

后来　那个秘密

长上了翅膀

她生气了　却不知道

泄密的不是别人

正是自己

什么时候

什么时候能和你一道
去看激荡人心的长风与排浪
什么时候能和你一起
去森林采摘芬芳的野蘑菇
捧起那绿茸茸的阳光
什么时候等你的信
不再如等一份判决书
什么时候接你的电话
不再如听天堂遥远的钟响
什么时候什么时候
思念的雨滴
不再淋漓在
一张不堪负重的薄薄的宣纸上

分手以后

我想忘记你
一个人
向远方走去
或许　路上会邀上个伴
与我同行
或许　永远是落叶时节
最后那场冷雨
相识
总是那么美丽
分别
总是优雅不起
你的身影
是一只赶不走的黄雀
最想忘却的
是最深的记忆

无言的凝眸

走过荒原　走过绿洲
却走不出眼中那一片萧瑟的寒秋

找过江水　找过河水
却找不到那一条清冽甘甜的水流

望过星星　望过太阳
却望不着那一颗升起来便属于自己的问候

哦　纵有如歌的话语漫进心头
又怎比心中的你无言的凝眸

遥远的等候

为了一个遥远的等候
不知在风中立了多久
又一次心仪
群山和夕阳握手
又一次歆羡
黄昏向秋风致意点头
你终于还是来了
大海边上
美丽的不再只是海市蜃楼
问脚下的这条沙滩很长吗
真担心　不够我们走

请你原谅

阳光纵然慈祥
也没有力量
让每一棵果树
都挂满希望
我们怎能责怪太阳

我纵有爱心
也没有可能
圆你每一个
绮丽的梦想
因此　请你原谅

告别，不是遗忘

我走了
不要嫌我走得太远
我们分享的
是同一轮月亮
雨还会下
雪还会落
树叶还会沙沙响
亲爱的
脚下可是个旧码头
别在上边卸下太多的忧伤
告别　不是遗忘

有一次碰杯

想礼节性地同你握手
却只是握了握拳头
是为了把那点局促
从指缝间都挤走

我的故事
已另写一章
你的作品
是否也有新开头

我们碰杯的时候
再没有像从前那样
碰出火花
却把记忆碰缺了口

今夜有风

景物已朦胧
想你
在另一座城市的天空
看晚霞　如你
美丽的脸庞
为我羞红
初夏的日子里
今夜有风
只是不知　这风
明日能吹到你那里吗
还有一片　淡蓝的心情

旅　伴

这一次握别
就再也难以相见
隔开我们的不仅有岁月
还有风烟

有一缕苦涩
萦绕心间
迎着你是雾一样的惆怅
背过身是云一般的思念

命运　真是残酷
为什么我们只能是旅伴

其实我对你很在乎

从那一刻起我才明白
其实我对你很在乎
从那一刻起我才知道
我并不聪明其实很糊涂

从此我的心被你放逐
四处流浪没有归宿
从此我的悔恨无边无际
洒满走过的大道和小路

噢
错过了的季节不能再捉住
错过了的流水不能再重复

那凋零的是花

你的生命正值春光
为什么　我却看到了霜叶的容颜
只因为那面美丽的镜子
打碎了
你的眷恋深深
在梦幻旁　久久盘桓

既然伸出双手
也捧不起水中的月亮
那么让昨日成为回忆
也成为纪念

人生并非只有一处
缤纷烂漫
那凋零的是花
——不是春天

只要明天还在

只要春天还在
我就不会悲哀
纵使黑夜吞噬了一切
太阳还可以重新回来

只要生命还在
我就不会悲哀
纵使陷身茫茫沙漠
还有希望的绿洲存在

只要明天还在
我就不会悲哀
冬雪终会悄悄融化
春雷定将滚滚而来

◎摄影师：陈勇

热爱生命

我不去想是否能够成功
既然选择了远方
便只顾风雨兼程

我不去想能否赢得爱情
既然钟情于玫瑰
就勇敢地吐露真诚

我不去想身后会不会袭来寒风冷雨
既然目标是地平线
留给世界的只能是背影

我不去想未来是平坦还是泥泞
只要热爱生命
一切　都在意料中

给我一个微笑就够了

不要给我太多情意

让我拿什么还你

感情的债是最重的啊

我无法报答　又怎能忘记

给我一个微笑就够了

如薄酒一杯　像柔风一缕

这就是一篇最动人的宣言啊

仿佛春天温馨又飘逸

山高路远

呼喊是爆发的沉默
沉默是无声的召唤
不论激越
还是宁静
我祈求
只要不是平淡

如果远方呼喊我
我就走向远方
如果大山召唤我
我就走向大山
双脚磨破
干脆再让夕阳涂抹小路
双手划烂
索性就让荆棘变成杜鹃

没有比脚更长的路

没有比人更高的山

我知道

欢乐是人生的驿站
痛苦是生命的航程
我知道
当你心绪沉重的时候
最好的礼物
是送你一片宁静的天空

你会迷惘
也会清醒
当夜幕低落的时候
你会感受到
有一双温暖的眼睛

我知道
当你拭干面颊上的泪水

你会粲然一笑

那时　我会轻轻对你说

走吧　你看

槐花正香　月色正明

把自己融入自然

在漂流了很久很久以后
真想能有一个静谧的港湾
让我枕着波浪轻眠
轻眠
却不是为了收起风帆

在跋涉了很久很久以后
真想能点燃一缕炊烟
围着篝火席地而坐
哑着嗓子唱歌
把悲怆的曲调轻弹

尽管心很累　很疲倦
我却没有理由后退
或滞留在过去与未来之间

就这样　就这样

在身心俱疲的时候

把自己融入自然

多一点爱心

多一点爱心
少一点嫉妒
我们欠缺的那把鲜花
时光自会弥补

让我们学会爱
学会真诚的祝福
在别人快乐的微笑面前
我们的眼睛　总是清澈如水
只为自己的不幸
有时才浮出些淡淡的云雾

或许我们会永远平凡
平凡也有宁静的风度

背　影

背影

总是很简单

简单

是一种风景

背影

总是很年轻

年轻

是一种清明

背影

总是很含蓄

含蓄

是一种魅力

背影

总是很孤零

孤零

更让人记得清

生命之约

如果到了约定的时候
我还没有来
那一定是出了
天灾人祸
房舍被夷为平地
桑田变成沧海
所有必经的道路
全都被阻塞

有许多东西
可以遗忘
——比如仇恨
有很多事情
必须铭记
——像爱和关怀

岁月慢慢风蚀着容颜

时光渐渐把窗棂打开

生命的真实

因为现实不尽美好
心灵才有了那么多对白云的向往
因为生活严峻
向往才用手托起温暖的月亮
责任　并不就是
整天一副冰山般的深沉状
空洞的宣言和崇高的大话
难以同有血有肉的灵魂发生碰撞
平凡就像泥土
并不意味着荒凉
激昂的未必是山
平缓的也未必不是江
生命的真实为什么不能像水塘
懂得贮存
也不吝啬流淌

跨越自己

我们可以欺瞒别人
却无法欺瞒自己
当我们走向枝繁叶茂的五月
青春就不再是一个谜

向上的路
总是坎坷又崎岖
要永远保持最初的浪漫
真是不容易

有人悲哀
有人欣喜
当我们跨越了一座高山
也就跨越了一个真实的自己

岁月，别怪我太挑剔

我静静望着季节变来变去
有时不禁拉开记忆的抽屉
总是不满意已有的那些收藏
岁月啊　别怪我太挑剔
我不想向清风诉说
选择有时候那么身不由己
我不想向皓月告白
心愿有时候也会被风暴扭曲
我不会因为海棠花的枯萎
便把生命看得毫无意义
我不奢望每个日子都能理解我
像青草理解露珠　芭蕉理解雨
我过去是怎样
走过来　还会怎样走下去

感 谢

让我怎样感谢你
当我走向你的时候
我原想收获一缕春风
你却给了我整个春天

让我怎样感谢你
当我走向你的时候
我原想捧起一簇浪花
你却给了我整个海洋

让我怎样感谢你
当我走向你的时候
我原想撷取一枚红叶
你却给了我整个枫林

让我怎样感谢你

当我走向你的时候

我原想亲吻一朵雪花

你却给了我银色的世界

我不期望回报

给予你了
我便不期望回报
如果付出
就是为了　有一天索取
那么　我将变得多么渺小

如果　你是湖水
我乐意是堤岸环绕
如果　你是山岭
我乐意是装点你姿容的青草

人　不一定能使自己伟大
但一定可以
使自己崇高

高山流水

是去　是留
是去是留皆是愁
都是因为你啊
来的不是时候
如果离你而去
谁能再为我弹一曲
高山流水
如果为你而留
我又怎认识　天外春秋

心之域
早已是风雨满楼
你为我苍老
我为你消瘦

日　子

总是觉得日子这样简单
走过去的道路那么平凡
没有几多郁悒　可以铭记
也没有多少欣喜值得流连
秋色萧索复萧索
春光烂漫又烂漫
即便如此　我又怎能
——忘却从前
即便如此　我又怎能不
——向往明天
希望在不断的寻找中失去
憧憬在不断的失去中再现

独　白

不是我性格开朗
其实我也有许多忧伤
也有许多失眠的日子
吞噬着我
生命从来不是只有辉煌

只是我喜欢笑
喜欢空气新鲜又明亮
我愿意像茶
把苦涩留在心里
散发出来的都是清香

生活常是这样

心冷的时候
你会觉得每一个
季节都凉
星星仿佛是冰做的光

其实　大地并非那样寒冷
否则
檫树怎么会摇动
满目清香

生活常是这样
你所失去的
命运会以另一种方式补偿
桂花枯萎的时候
菊花又亮新妆

有一段时间

随意的时候很少
失意的时候很多
有许多美丽的渴望
转瞬都成了泡沫

心很冷的时候
太阳也失去了光泽
好像没有使人高兴的事情
只独自嚼着苦涩

拨响凄清的吉他
唱一支悲凉的歌
在很深很深的怅惘里
等待命运转折的时刻

我把小船划向月亮

请不要责怪我
有时　会离群索居
要知道
孤独也需要勇气

别以为　有一面旗帜
在前方哗啦啦地招展
后面就一定会有我的步履
我不崇拜
我不理解的东西

我把小船划向月亮
就这样划啊
把追求和独立连在一起
把生命和自由连在一起

旅　程

意志倒下的时候
生命也就不再屹立
歪歪斜斜的身影
又怎耐得
秋叶萧瑟　晚来风急

垂下头颅
只是为了让思想扬起
你若有一个不屈的灵魂
脚下　就会有一片坚实的土地

无论走向何方
都会有无数双眼睛跟随着你
从别人那里
我们认识了自己

不能失去的是平凡

总有许多梦不能圆
在心中留下深深的遗憾
当喜鹊落在别人的枝头
那也该是我们深深的祝愿

是欢乐就与友人共享
是痛苦就独自默默承担
任愁云飘上安静的脸庞
人心永远向着善

生命可以没有灿烂
不能失去的是平凡

留一颗心给尊严

都市越来越繁华
我却不希望高楼遮住天
人心越来越难测
我却不希望冰霜盖住脸
脚步越来越急匆
我却不希望那都是为了钱
海风越来越强劲
我却不希望改变你我的容颜

高楼
留一片天空给大地
人心
留一份真诚给朋友
脚步
留一些从容给自然
我们
留一颗心给尊严

无 题

梦中的伊甸园
没有刺
长长的叹息
总在醒来时

不愿意梦醒
却也不愿意长眠
有时　最孱弱的生存
也蕴含铁的意志

渴望生
不是因为惧怕死
黑夜的虚幻
分娩了黎明的真实

面对春天的期待

岁月的年轮
无情　越转越快
回首逶迤的车辙
憧憬的荆冠上
不禁飘落
几朵叹息　几片感慨

尽管成功的日子
还遥遥无期
淅淅沥沥的小雨
却不肯离去
仍然　在窗外
久久徘徊

我不知道
是否打开窗棂

让小雨
飘进屋来
我不知道
面对春天的期待
我该付出
怎样的爱

愿看你从容

有一些不肯飘落的故事
总成提醒
只好把它深埋在大地之中
我们不能老是这样为往事感伤
甚至恨不能去守望
古刹那苍茫的钟声
古老的河流
赋予我们的除了生命
还有一道长长的纤绳
更别忘了北方亲切的白杨林
和江南含笑的烂漫花丛
别站那么远那么孤零零
我欣赏你的独立
却不包含你的表情
真的　你

很聪睿很飘逸很迷人很生动

如果你能在风中在雨中

在冰雪中

从从容容

我并不孤独

我并不孤独
有忧伤为我祝福
走在梦一般的大森林里
我迷了路
眼前是一片轻柔的薄雾

阳光透过茂密的枝叶
心弹响金色的鼓

哪里是我回家的小径
问枝头的小鸟
也问脚下的泥土

记忆的门

当掌声响起的时候
泪水不由冲开了记忆的门
以前的一切苦累
都感觉值得
曾有的失落
仿佛被风吹远了的沙尘
过去的努力　本不是
为了今天的掌声
可今天的情景却能够还我自尊
真高兴向世界证明了自己
向东方唱一曲　心中日升月沉

你来

你来
便有一种温暖　潜入心怀
眼睛不由发亮
额头也变得很有光彩

你来
便为青春的际遇欣喜
便为似水的流年悲哀
便知道　与其埋下悔恨
不如植下热爱

你来
清风就来
你来
海潮就来

◎摄影师：陈勇

世事望我却依然

不要问我为什么惆怅
不要问我为什么无言
你知道
有一些事情难以说清
我只想独自品味孤单
不必向我诉说春天
我的心里并没有秋寒
不必向我解释色彩
我的眼里自有一片湛蓝
我叹世事多变幻
世事望我却依然

苦涩的芬芳

我是多么不情愿
把惆怅也化作诗行
在人生的路上留下一路苦涩的芬芳
可是　总有这样的时候
忧郁似雾　遮住了路
也遮住了阳光
恋人不在的时候
我期待友人
友人不在的时候
我寻找心灵的太阳
那一行行饱蘸真情的文字
既有失落　更有坚强

把夜还给我

从小巷走上大街
让关闭已久的心扉
打开快要锈蚀的锁
路灯已然害了肝病
还立在那儿履行职责
星星亮成棋子
霓虹灯
像歹徒一样闪烁
车很多
人很多
懒成了水泥柱上的灰蛾
情绪　瞬间被碾成破碎的瓦砾
心变得很沉默
沉默中　真想喊一声
——把夜还给我

我已经长大了

这是一次漫长的跋涉
请你不要搀着我
你给了我力量
我却会失去欢乐
我已经长大了
前面的山峰巍峨
请你不要拉着我
你给了我温暖
我的攀登又算什么
我已经长大了
有一天我淌出了眼泪
请你不要为我擦拭
相信江水冲不垮堤岸
我会笑得比你还出色
我已经长大了

岁月从身旁匆匆流逝

请你不要离开我

无论太阳还是星光

我都渴望

我已经长大了

让我们把手臂挽起

那久违的桉树
亲切又熟悉
那久远了的薄雾
别有一番温馨与惬意
扶着岁月的栏杆
真羡慕鸿鹄
波光上一飞千里
也感慨青山
妩媚又雄奇　万古屹立
纵然心事像桨
搅起不尽涟漪
也别疏忽了
残冬赏雪　初夏听雨
即使阴霾去而又复返
也别错待了

生命葱茏　青春绚丽
如果面对这个
风景又风霜的世界
你的力量太单薄
那就让我们把
年轻又坚强的手臂
紧紧挽在一起

风不能，雨也不能

风不能使我惆怅
雨不能使我忧伤
风和雨
都不能使我的心
变得不晴朗

坎坷
是一双耐穿的鞋
艰险
是一枚闪亮的纪念章
我是一片叶
——筋脉是森林
我是一滴水
——魂魄是海洋

唯有追求

生活是一望无际的大海
我是大海上的一叶小舟
大海没有平静的时候
我也总是
有欢乐　也有忧愁

即使忧愁
如一碗苦涩的黄连
即使欢乐
如一杯香醇的美酒
把他们倾注在大海里
都太淡了　太淡了
一如过眼烟云
不能常驻我心头
唯有追求

永远和我相伴

在风平浪静的时候

也在浪尖风口

妙龄时光

不要轻易去爱
更不要轻易去恨
让自己活得轻松些
让青春多留下些潇洒的印痕

你是快乐的
因为你很单纯
你是迷人的
因为你有一颗宽容的心

让友情成为草原上的牧歌
让敌意有如过眼烟云
伸出彼此的手
握紧令人歆羡的韶华与纯真

青春的风

我不在乎多少梦幻已经成空
我不在乎多少追寻都成泡影
在春天的季节里　谁愿意是
醉生梦死　梦死醉生
山峰挡不住我　河流挡不住我
噢　一往无前
我是青春的风

我不满足已经获得的骄傲
我不满足已经赢得的光荣
在年轻的心灵里谁不愿意
明明白白　清清醒醒
鲜花留不住我　掌声留不住我
噢　一如既往
我是青春的风

挡不住的青春

曾经有过那么多的惆怅
想起往事　令人断肠
我不知道
我的追求在何方
道路在何方
问风问雨问大地
却没有一点回响
岁月静静地流淌
可是谁甘心总是这样迷惘
可是谁愿意总是这样惆怅
我要歌唱
哪怕没有人为我鼓掌
我要飞翔
哪怕没有坚硬的翅膀
我要用生命和热血铺路
没有一个季节
能把青春阻挡

美丽的季节

这是一个美丽的季节
青春似花开遍了原野
风儿吹动着我们的思绪
思绪像飞舞的彩蝶
多少回忆和憧憬
蓝天你可像春风一样理解
多少故事和情节
飘落大地一片雪白纯洁
美丽的季节是年轻的我们
年轻的我们是美丽的季节

青春不承认沙漠

真没想到
你也会有忧伤
也会有一片愁云
罩上你晴朗的脸庞

你恋爱了
爱情很重吗
竟压得你
没了轻盈的模样

往前走吧
青春不承认沙漠
前面一定会有
清流在路旁

年轻真好

我们一同用心捧起晶亮的雨滴
我们一起用手挽住飘逸的长风
我们在春天的原野默默祝愿生命与永恒

那云朵的洁白是我们真挚的过去
那湖水的丰盈是我们蓄满的深情
那空气里激荡着的是我们露珠般闪烁的笑声

羡慕我们吗　二月还有十月
嫉妒我们吗　大地还有天空
我们为这个季节的烂漫深深感动
年轻真好　真好年轻

名人

我相信
这不完全
是由于一种机遇
宛如花朵
盛开自有它的道理

我也相信
你的光华
所以会转瞬即逝
是因为你的绽放
太多地依赖节气

不要总说“好吧”

不要总说“好吧”
我们毕竟不是池塘里
只会单调重复的青蛙
既然有思想
那就让思想昂首
既然有意志
那就让意志挺拔
既然厌恶虚伪
那就让任何虚伪构成的建筑
全都无可挽回地崩塌
还要学会说“不”
是的——不
即便在美妙的时刻
这也可以是最为出色的回答
在否定的灯标旁
那条美丽的帆船
正向着黛色的远方进发

秋日的思念

你的身影离我很远很远
声音却常响在耳畔
每一个白天和夜晚
我的心头
都生长着一片常绿的思念

如果我临近大海
会为你捧回一簇美丽的珊瑚
让它装点你洁净的小屋
如果我傍着高山
会为你采来一束盛开的杜鹃
让春天在你书案前展露笑靥

既然这里是北方
既然现在是秋天

那么　我就为你采撷下红叶片片
我已暮年的老师呵
这火红火红的枫叶
不正是你的品格
你的情操　你的容颜

看海去

走啊
让我们看海去
为了实现那个蓝色的梦想
也为了让年轻的心
变得更加坦荡和宽广
在海边
哼一支心底的歌
有浪花轻轻伴唱
属于我们的
永远是欢乐　不是忧伤

面对波涛滚滚的大海
该遗忘的遗忘
该畅想的畅想
海岸边伫立的不是夕阳

——是我们

我们心里盛满的不是死水

——是波浪

为了明天

我们现在所做的一切
都是为了明天
明天
并不遥远
当为了一个神圣的期待
甚至可以献出一切
我们已不需要
再发什么誓言

没有比为了明天
更激动人心的事了
就像一个太阳
能够使万物戴上绚丽的光环
即使我们相视无语
却已了然

我们将去走的路

会像金子一样诚实

不含有任何闪烁着光泽的欺骗

生命的堤岸

不论什么时候
我的失望
也不会无边无沿
令心事滂沱任泪水漫卷
海水可以漫过沙滩
却漫不过生命的堤岸
在追赶黎明的路上
走过多少崇山峻岭
便挥洒多少青春的
执着与斑斓

依然存在

风吹过

大树依然存在

浪埋过

礁石依然存在

阳光晒过

海洋依然存在

浮云遮过

光明依然存在

青春时节

当生命走到青春时节
真不想再往前走了
我们是多么留恋
这份魅力和纯洁

可是不能啊
前面是鸥鸟的召唤
身后是涌浪般的脚步
和那不能再重复一遍的岁月

时光那么无情
青春注定要和我们诀别
时光可也有意啊
毕竟给了我们
璀璨的韶华和炽热的血液

我们对时光

该说些什么呢

是幽怨

还是感谢

在这个年龄

在这个年龄
什么都值得记忆
无论哪一个季节走来
都是难忘的花期

在这个年龄
生长很多幻想
也生长很多忧郁
渴望像一株健硕的昙花
一朵朵醒来
又一朵朵睡去

在这个年龄
要哭你就尽情地哭
要笑你就尽情地笑
在这个年龄
不必太含蓄

走，不必回头

走，不必回头
无须叮咛海浪
要把我们的脚印尽量保留

走，不必回头
无须嘱咐礁石
记下我们的欢乐，我们的忧愁

走，向着太阳走
让白云告诉后人吧
无论在什么地方
无论在什么时候
我们从未停止过前进
从未放弃过追求

一个梦

在有自由的时候
我不能没有你
在没有自由的时候
连我也不属于自己

我的梦是鸽子的梦
圣洁而美丽
给我辽远的天空
和一小块栖息的土地

不只是一碗水
不只是一抔米
那是一种恩赐
不是生命的逻辑

美好的愿望

我要用一生去实现
心中美好的愿望
即便那是一条
没有尽头的路
走向远方又有远方
有时　感觉自己
真像一只孤独的大雁
扇动着疲惫的翅膀
望天也迷茫　望水也迷茫
只是从来不想改变初衷
只是从来不想埋葬向往
我不在乎地老天荒
只要能够如愿以偿

我喜欢自然

我不想故作潇洒
只想活得真实
就像无拘无束的风
在时光里轻盈地走
既不是标榜
也没有解释

我喜欢自然
就像喜欢流逝的往日
无论花丛　还是蒺藜
过去了的
总让人染上　莫名的相思

去远方

我背起行囊默默去远方
转过头　身后的城市已是一片雪茫茫
我不再想过那种单调的日子
我像一条鱼　生活像鱼缸

我不知道远方有什么等着我
只知道它不会是地狱　也不是天堂
没有人知道我是谁
自己的命运就握在自己的手掌

我不希望远方像一个梦
让我活得舒适　也活得迷惘
我希望远方像一片海
活也活得明白
死也死得悲壮

如　果

如果你是大河
何必在乎别人
把你说成小溪

如果你是峰峦
何必在乎别人
把你当成平地

如果你是春天
何必为一瓣花朵的
凋零叹息

如果你是种子
何必为还没有
结出果实着急

如果你就是你

那就静静微笑

沉默不语

昨日风景

我不知道
有多少个星辰
醉心其间
挥一挥手
又怎能抹去
这不绝如缕的眷恋

哪怕前面的风景
更美更好
我都无法
轻抛过去
一展笑颜
尽管人生告别寻常事
真告别时
却又难说再见

一处风景

我不知道
你的才华还要被埋没多久
人们早已厌倦了
那貌似惊人的喋喋不休

我深深地相信
不是人们读不懂你
是人们读不到你
读到你时
便领悟了发现的含义

立体的时候
你是冰是雕是冬天的妖娆
当耸立的身影消失在某一个清早
你是水是河是春天向大地的问好

酒

平展展的紫绒布上
站立着一只
晶莹的高脚酒杯
杯里装的是色酒

这酒香醇得不能喝
能喝的酒醉一天
不能喝的酒醉一生

鹰

因为你的悬挂
蓝天便成了一幅壁画
天空的嗓子发不出声音
大地的表情一片肃杀

因为你的悬挂
蓝天便成了一幅壁画
许多人凝神观望
有的人却流出了泪花

因为你的悬挂
蓝天便成了一幅壁画
你是孤独的
孤独方可傲天下

不问，是理解

孩子大了
便成了母亲的心事
母亲的心事
是夏天的树叶
怎么落　也落不尽

母亲也知道
不好总问
问多了
石头也会生气
于是　母亲的脸上
常有一层薄薄的霜翳

咳　母亲
为什么

不学学沉默的父亲

问是爱

不问　是理解

◎摄影师：陈勇

更把琴声抚向斜阳

长风　掠过黄昏里的湖面山坡
宁静的心
不禁被风吹得一波三折
自然的美
是一种所向披靡的扫荡
她根本用不着
为了征服　先遣使者

站在湖畔
看能否依稀有些
青山的风格
更把琴声抚向夕阳
一任心灵的城堡
无声的陷落

桥

就这么日复一日地流着

不知已流了几多时光

就这么年复一年地架着

不知已承受了多少风雨

只有那两岸的窗棂

有时关　有时启

人世　已是物换星移

岁月　却没有留下多少痕迹

寂静的山野

桦树林还有雪还有月
马和雪橇的影子
如舒伯特笔下滑行的音节
远方村庄的灯火明明灭灭
猎人留恋山野

山野很寂静
一条溪水的声音也能
流得很远很远
昭示季节
清冽的水面上
漂浮着一片落叶

海的温柔

寂寞的时候
便低下了头
留一个影子在身后
欢乐的时候
便抬起了眸
送一道波光在时空里走

柔情似水
总是很静很静
很静
是海的温柔

人在冬天

尽管春天很美丽
可有时候
我还是想回到从前去
回到那白雪飘飘的日子里

捧那晶莹的雪
吸那清凉的空气
在寒风凛冽的时候
就围在暖洋洋的炉火旁
烤着红薯　忆往昔

人在冬天
总是没有距离

故　园

这就是故园

蓝色的海浪

冲刷着金色的沙滩

橙色的太阳

映照着回归的白帆

雨滴敲打着绿色的棕榈

清风吹开了火红的木棉

一个穿紫色长裙的女孩

走在青石板路上

打着一把赭石色的小伞

北海的夜景

春柳
垂下柔长的发丝
晚妆

风儿
吹起一层层细浪
小船　在岸边打着
瞌睡
唯有高高的白塔
很安详

那幽径　那曲廊
不知记录了
多少绿色的梦幻
有的悱恻

有的凄凉

只是当朝晖

抖落夜的幕布

清晨　又轻轻荡起了桨

蝴 蝶

蝴蝶是会飞的花朵
动人得使芬芳失色
尽管后来成为标本
它的身影
依然在记忆中轻盈飞过
美丽有一种力量
使人心变得脆弱
人心有一种美丽
胜过了聪睿与深刻

夜雨敲窗

夜雨敲窗
夜雨敲窗
今夜的雨比往日多了惆怅
身上感觉到冷
是因为心里有点儿凉

在乍暖还寒的日子里
总是渴望萱草一样的目光
向往高处
高处有连绵不绝的风光
可高处风也很大啊
很大的风里
难以握住安详

夜雨敲窗
夜雨敲窗
清愁和清爽一样悠长

秋　景

枯叶旋转着
敲打着窗棂
北风呜咽着
为远去的岁月送行

阳光仍是那么浪漫
泼洒了一地笑声
郊野走着一个人
抬头瞧瞧落叶
低头望望天空

嫁给幸福

有一个未来的目标
总能让我们欢欣鼓舞
就像飞向火光的灰蛾
甘愿做烈焰的俘虏

摆动着的是你不停的脚步
飞旋着的是你美丽的流苏
在一往情深的日子里
谁能说得清
什么是甜　什么是苦
只知道　确定了就义无反顾

要输就输给追求
要嫁就嫁给幸福

你

典雅如古琴
不知怎样的一颗心
才能弹
墙上的油画
已灿烂了几百年
精致得如你的背景

仿佛为雨天和落叶而生
彳亍到哪里都让人感怀
走动着是泉水
凝神是竹

春天来了

语言
遗失了风韵
最悦耳的
是天籁的声音
河流欢笑起来
绿柳垂钓着白云

杏树的枝头
挂满五颜六色的目光
每一阵风里
都有数不清的追寻

自然的女儿
已经到了出嫁的年龄

美丽的脸庞

泛起了红晕

人们步履轻盈

走向缤纷的剧场

聆听春风的手指

拨响大地的竖琴

钢　琴

还没有弹
夕阳　就已流淌出
愉悦的旋律
给我　十倍于你的金钱
也无法让我
如此欢畅地呼吸
圣洁是一种感情
这种感情　价值无法代替

雨西湖

西湖细雨里
一片苍茫
不见了莺飞草长
苏堤长长　白堤长长

有多少雨滴
就溅起多少幻想
西湖友人笑我
晴也寻常
雨也寻常
如此　波光水色
不尽枉然
唉　最好西湖不是故乡

月　光

风

水一般清凉

田野

梦一样安详

飘散的是蓝色的雾

飘不散的是银色的池塘

噢　月光

箫声

自远方游来

蛐蛐儿

在石板下轻唱

江水随思绪流走

夜露洗尽了迷惘

哦　月光

星星
是月亮挥洒的泪滴
月亮
是太阳沉重的哀伤
世界的背面是憧憬
明天的明天是希望
哦　月光

初 夏

从这个时候起
我们把窗棂全部打开
渴望风
从远方吹来

不惧怕乌云
我们期待雨
也不躲避阳光
我们向往安详的湖
和汹涌的海

我们从春天走来
带着青春的风采

原来那是一份思念

走进秋天
我可以感受到飘零
走进黄昏
我可以感受到朦胧
当我走进你
却什么也说不清

心里想着月季
眼睛却望着无形的风
当月亮升起的时候
我才明白
原来那是一份思念
很浓　很浓

冬　天

冬天不是死亡
只是生命的一次退让
在雪压冰欺的泥土下面
椴树的根须仍汲取着
大地的琼浆
金钟花也没有死
它正应合着古老的节奏
积蓄着力量
当四月响起了铃铛
看吧　依然是水苍苍　山茫茫

晚 归

每一个黄昏
都是绮丽的风景
潺潺的河水
流着青山的倒影

每一个归人
都有田野的芳馨
悠悠的扁担
挑着对大地的深情

如歌的青春

像那天上的白云
像那蓬勃的山林
像那奔向海洋的江水
像那万物复苏的清晨
哦　那是如歌的青春

让憧憬向现实靠近
让现实美好而清新
让我们创造灿烂的明天
让我们把明天献给母亲
哦　那是如歌的青春

知　音

在淡淡的音乐中
我们相对而坐
任凭感觉像杯子里的柠檬
举起又滑落
如果话题老是重复
那还不如沉默
我们没有　永远没有
有的只是语言
总是在不知不觉中
走进朦胧　融入夜色

一叶秋黄

不知前行
还是却步
一叶秋黄
在风中漂泊　踌躇

要割舍就割舍得彻底
要思念就思念得痛苦
为何　却偏偏
夜里结霜　晨里凝露
一条林木掩映的小径
总是若有若无

黄昏偶拾

黄昏弥漫着朦胧
等待月儿入梦
在湖边　拣起石子
打出一串水漂
不是为了无聊
而是因为感动
只有水　才能总是
让我们情不自禁地低头
当我们低下头来
便有一种
清纯和丰沛的感觉
悄悄　注入心中

失落的村庄

我没有打败你
是你打败了自己
你想撕去的是一百年后的日历

你把那一天
想象成为你绽放的含笑花了
可是　你的眼睛
并非能穿透漫长的风雨

你感到心在不断受伤
因为失去了今日的村庄
有什么理由轻视今日的建筑呢
谁能够证明
昨天的灿烂
今天就不再辉煌

假　日

把一块蓝布
铺在青春的草地上
我们的眼睛
闪动着快乐的光芒
风暖暖地吹
蜜蜂在鲜花丛中
旋律一样徜徉

鸟儿
迅疾地从空中掠过
炫耀着矫健的翅膀
小道上　孩子用童心
摇响了手中的铃铛
游人
把心留给了自然
就像游子把思念留给了故乡

倘若才华得不到承认

倘若才华得不到承认
与其诅咒　不如坚忍
在坚忍中积蓄力量
默默耕耘

诅咒　无济于事
只能让原来的光芒黯淡
在变得黯淡的光芒中
沦丧的更有　大树的精神

飘来的是云
飘去的也是云
既然今天
没人识得星星一颗
那么明日
何妨做　皓月一轮

天　籁

鹿群是森林的旋律
天鹅是湖水的风光
自然是心灵之花
含也富丽　绽也堂皇

别得了喧嚣
怎别得了那夏日幽篁
最悦人处
是那山一道　水一行

鼓浪屿

携着夕阳所有的恋情
步入你风姿绰约的身影
在你的怀抱里
月儿也香
琴声也亮
海浪也多情
向你走来的
都是你的恋人
离你而去的
都是你的情人
如果思念宛如秋叶
一片片落下
那么怀想定如春花
一簇簇萌生
走近你时

真怕有一天要远离你

欲厮守你时

又不愿失却了男儿豪情

你啊　你

折磨我的心

一会儿

如白帆般轻松

一会儿

如波涛般沉重

我们一同回家吧，夕阳

走向郊外

去寻远古的空旷

可是期望

早已被时光掠去

旋花与百合　只是相像

一位画家

在那里准备装饰墙上的画框

枝头上的小鸟

仿佛在唱着吉祥

我的思绪

在变得已朦胧的风中飘荡

我们一同回家吧

——夕阳

毕　业

我们从这里起航
走向遥远的地方
当我们走向明天
又怎能把昨日遗忘
回首昨日
那郁郁葱葱的日子
有过青涩
也有过芬芳
更有的是
相遇　相识　相知
那瑰丽的宝藏
今天　我们流泪了
那可不是忧伤——是歌唱
今天　我们分别了
那可不是遗失——是珍藏

春日心语

不是你的一切都喜欢
就像最佳的风景
也会留下一点遗憾
或许有一点遗憾
你更显得真实
真实的你
在梦与现实的边缘
江水奔流长又卷
夕阳映树红万片
握你的手如握晚风
凭黄昏
任驱遣

思想者

我信奉真实
却不信奉谶语
我崇拜真理
却不崇拜权力

你征服了我的心
也就征服了我的躯体
你占据不了我的思想
就什么也没占据

海滨夜话

海风　推开了窗户
月光　悄悄踱进房屋
走近窗口
眺望的你啊
为什么
掬起晶莹的泪珠

是世界太小
盛不下你的辛酸
是世界太大
寻不着你的道路
潮汐不知疲倦地拍打堤岸
远方　历经沧桑的小岛
会对你说
逆境　不是痛苦
顺境　不是幸福

走向银色的沙滩

让思绪在夜色里曼舞

把心事全部抛给大海吧

要倾诉

你就热烈地倾诉

叶子黄的时候

别把头低
别把泪滴
天空没有力量
需要我们自己把头颅扬起

生活不总是宽敞的大道
任你漫步
任你驰骋
每个人都有自己
泥泞的小路　弯弯曲曲

春天的时候
你别忘记冬天
叶子黄的时候
你该记起绿

纪　念

命运可以走出冬天
记忆又怎能忘却严寒
春天　是个流泪的季节
你别忘了打伞

当你走向萧索
我知道
你不是喜欢孤单
当你泪花闪烁
我知道
你不是悲哀　而是喜欢

沧桑抹去了青春的容颜
却刻下纵横交错的山川

感　觉

欢乐总是太短
寂寞总是太长
挥不去的
是雾一样的忧伤
挽不住的
是清晨一样的时光
能把这一切记住的
唯有笔和一颗无垠的心
满含期待的眼神
——热泪盈眶

我的河

早想有一个人
能让我把深情诉说
今天我却依然沉默
沉默
是一条冰封的河
在我记忆的树梢上
白云轻盈飘荡
星空神秘闪烁
只是还没有小路和紫荆花
编织的那支动人的歌

我的河
习惯了沉默
却绝不冷漠
它无时不在呼唤

明媚的春天

它无时不在寻觅

那潭美丽的湖泊

浮　想

有一些仇恨

总是不能随黑夜埋葬

仿佛点点闪着蓝光的磷火

在心灵的荒野里游荡

有那么多眼睛渴望和平

可是人们还是要正视死亡

蓝天上那洁白的鸽子啊

是否知道

也是在从前的废墟上飞翔

缅　怀

生命总要呈现灰色
永远新鲜的是岁月的河
别悲哀　和夕阳一道消逝的
是我的身影
如果你理解了大地的沉默
也就理解了我

拥有阳光的时候
还不知道怎样珍惜
懂得珍惜的时候
光阴已不太多
年轻的时候　也曾渴望安逸
年老的时候　总是怀念漂泊
生活并不都是欢乐
回忆却是一首永恒的歌

我放飞雪白的鸽子

让我们成为朋友
请接受这遥远的问候
我放飞一只雪白的鸽子
希望它早日
落在你的肩　托在你的手
有这个愿望
已经很久很久
真庆幸这一天
我找到了通向彩虹的渡口
我的朋友
友情不只在风中雨中
还在蕙草迎接晨曦
天空结满星斗

思——题油画

只一个沉默的姿态
便足以让世界着迷
不仅因为是一尊圣洁
不仅因为是一片安谧
还因为是一面昭示
还因为是一个启迪
还因为她以现代人的形象
告诉我们
——沉思是一种美丽

但是，我更乐意

为什么要别人承认我
只要路没有错
名利从来是鲜花
也是枷锁

无论什么成为结局
总难免兴味索然
流动的过程中
有一种永恒的快乐

尽管　我有时也祈求
有一个让生命辉煌的时刻
但是　我更乐意
让心灵宁静而淡泊

回　首

曾总想穿过那段最无瑕的时光
去实现所有缤纷的梦想
当回首深深浅浅的脚印
不禁顿足扼腕
恨冬日太短　夏日不长
真想把还没有走完的青春
重新再走一遍
便知该如何珍惜
每一抹黄昏　每一缕霞光
叹只叹光阴不肯倒流
从此　再也不敢懵懂与疏狂

最初的湖莲

了解你
是在你走了很久以后
仿佛不经意旋开了
一个不引人注目的瓶子
才发现这原来竟是一瓶
酿造在遥远年代的酒
无法与你痛饮
是我深深的遗憾
从此
生活常常像一个垂钓者
心思却不在钓竿
即使从今以后
再不会错过
可毕竟错过了你啊
风
吹动的
总是记忆中最初的湖莲

又是雨夜

因为钟情也因为留念
一句温馨的话
便让心　浮想联翩

春花入梦　秋月入梦
积攒了四个季节的梦
拎都拎不起来了
沉甸甸

雨夜　又是雨夜
却仍然不见去年
那把淡蓝色的小伞

思　念

我叮咛你的
你说　不会遗忘
你告诉我的
我也　全都珍藏
对于我们来说
记忆是飘不落的日子
——永远不会发黄
相聚的时候　总是很短
期待的时候　总是很长
岁月的溪水边
捡拾起多少闪亮的诗行
如果你要想念我
就望一望天上那
闪烁的繁星
有我寻觅你的
目——光

给父亲

你的期待深深
我的步履匆匆
我知道
即使步履匆匆
前面也还有
太多的荆棘
太远的路程

涉过一道河
还有一条江
翻过一座山
还有一架岭
或许
我就是这跋涉的命
目标永远无止境
有止境的是人生

思念是风是云是婵娟

思念的感觉真是难缠
思念的情景真是何堪
地上的水在流　可我的心已断
天上的云不散　可我的神已乱
风雨来时　我牵挂你是否平安

思念的感觉真是难缠
思念的情景真是何堪
月在窗影上走　花在石阶上残
树在星光里摇　泪在烛光中闪
风雨来时　我牵挂你是否平安

为你祝福　面对苍天
流水记得　那个身影总在桥边
夕阳记得　那个时候总是傍晚
啊　水迢迢　山重重　路漫漫
难挡思念是风是云是婵娟

母亲的爱

我们也爱母亲
却和母亲爱我们不一样
我们的爱是溪流
母亲的爱是海洋

芨芨草上的露珠
又圆又亮
那是太阳给予的光芒
四月的日子
半是烂漫
半是辉煌
那是春风走过的地方

我们的欢乐
是母亲脸上的微笑

我们的痛苦

是母亲眼里深深的忧伤

我们可以走得很远很远

却总也走不出

母亲心灵的广场

祝你好运

还没有走完春天
却已感觉春色易老
时光湍湍流淌
岂甘命运　有如蒿草

缤纷的色彩　使大脑晕眩
淡泊的生活　或许是剂良药
人　不该甘于清贫
可又怎能没有一点清高
枯萎的品格
会把一切葬送掉

祝你好运
愿你的心情　和运气一样好

祝　福

真的　别再送了
你已经陪我走了好几站路
我不愿缩短我的寂寞
延长你的孤独
你想给予
我也想付出
此刻　我不需要什么
只要你能送我
一个皎洁的祝福

有一种语言

有一种语言
只有你我能懂
在最平凡的字眼里
隐藏着最惊心动魄的感情

这种感情又是那么圣洁
胜过了教堂的钟声
让这种默契默默成长吧
雪一样白　草一样青

叠不起的心绪

一片葱茏的叶子
飘落在无尘的傍晚
那是远方你的寄语
和着青春的气息
我在灯下读你
如读一行过目难忘的诗句
白杨树叶哗哗摇动窗帘
夹竹桃的芳香洒满大地
这一晚
整个儿都是你
叠起又展开的是你的字迹
展开却叠不起的是我的心绪

请听我说一句话

你为什么这样矜持
也许　你渴望春天
可又担心
春天会带来风沙

你为什么这样害怕
也许　你习惯了春天
唯恐　有一天
春天会像飘逝的云霞

友人　请听我
说一句话
睁大眼睛
不如举起火把

一双含泪的眼睛

一双含泪的眼睛
让我的心烟雨迷蒙
朋友　你即使受了委屈
也不要消沉
埋怨命运不公平

一双含泪的眼睛
让我的心落叶飘零
朋友　你即使受了打击
你也要挺住
要同这个世界抗争

一双含泪的眼睛
让我的心有说不出的痛
朋友　我默默地为你祝愿
有那么一天
你会万里鹏程

友 情

有了友情
就少了许多烦忧
阴郁的叶子
便不会落在土里
而会浮在水面上
向远方漂流

友情是溪是河
是一种清新的空气
在身前背后
我是这样
难以离开友情
就像面对葱茏的风景
怎么能不　驻足停留

◎摄影师：陈勇

真 想

真想为你做点什么
因为　我总觉得所欠太多
你仿佛是结满浓荫的枝柯
遮蔽着我一个疲惫的跋涉者

真想回报你以温暖
我却不是太阳
真想回报你以雨水
我又不是云朵
真想了却的心愿不能了却
这不只是遗憾　也是折磨

少　女

总是这样
春天来临的时候
心还没有做好准备
晚风
轻轻掀动垂落的窗帷

梦里常笑醒
醒来难入睡
在花开花落的季节
笑是醉　哭也是醉

告别过去
过去没有流着泪枯萎
迎接明天
明天该不是害羞的蔷薇

致我的热情

我有太汹涌的热情
是因为我有太多的梦
即便在寒风凛冽的日子里
我的热情
也不会结冰
既然相信春天必然来临
为什么不相信
命运也会有黎明
抬起曾经迷惘的头颅
却原来满天都是星星

我有个希望

你说
你把青春都给了泪水
我不知道
你为何如此伤悲
只是在下雨的时候
我才见过花的眼泪

我有一个希望
如果要哭
就留给生命辉煌的时刻
那时流出的不是眼泪是露珠
它会使你更美

我只知道

请不要对我
奢谈高雅　冒充深刻
对于那些
纸上谈兵的大言不惭
对于那些
似是而非的废话
历史从来就没有青睐过

我只知道
是花就应该香着
是草就应该绿着
是山就应该耸立着
是水就应该清澈着
是好诗　就应该在人们的
心中
——活着

假如你不够快乐

假如你不够快乐
也不要把眉头深锁
人生本来短暂
为什么　还要栽培苦涩
打开尘封的门窗
让阳光雨露洒遍每个角落
走向生命的原野
让风儿熨平前额

博大可以稀释忧愁
深色能够覆盖浅色

感谢磨难

感谢磨难
它有一双慧眼
帮助想成功的人了却心愿

磨难给予你坚强
磨难给予你勇敢
磨难给予你沉着
磨难给予你不凡

在很高很高的山的下面
你还是个孩子
在很高很高的山的上面
你已是一个顶天立地的男子汉

舞　会

沉睡了一天的思绪
此刻　终于起锚
眼前是一片轻盈的波涛
华尔兹也是一种
愉悦的漫步
波澜深处
有一座迷人的音乐岛

或许为了遗忘
或许为了寻找
或许什么都不为
只是像一只
飞向暖巢的候鸟
当地板也激动地战栗
夜晚的城市

不再像只忧郁的猫
这是座旋转的森林
里边有无数河流和小路
当你像清风一样流动
你便成了向导和美丽的桥

这是一个难忘的假期

这是一个难忘的假期
我们在这里留下一段记忆
放下心中的行李
放飞手中的希冀

山是那么青
水是那么绿
笑声是那么灿烂
年轻的心不懂得哭泣

来的来　去的去
来去都有了诗意
有时阴　有时晴
眼里都是一片太阳雨

给友人

不站起来
才不会倒下
更何况
我们要去浪迹天涯
跌倒是一次纪念
纪念是一朵温馨的花
寻找　管什么日月星辰
跋涉　分什么春秋冬夏
我们就这样携着手
走呵　走呵
你说　看到大海的时候
你会舒心地笑
是呵　是呵
我们的笑　能挽住云霞
可是　我不知道

当我们想笑的时候

会不会

却是　潸然泪下

淡淡的云彩悠悠地游

爱　不要成为囚
不要为了你的惬意
便取缔了别人的自由
得不到　总是最好的
太多了　又怎得消受
少是愁多也是忧
秋天的江水汩汩地流

淡淡的雾
淡淡的雨
淡淡的云彩悠悠地游

四　季

凉风
惊落无数落叶
一时　满地皆黄
生命
总是在无奈的时候
才发现难以同规律对抗

白雪迎着晨光
怀着恐惧和渴望
惊蛰
在冷雨中吟哦黄昏
不禁生出对浓荫的遐想

平凡的魅力

我不会蔑视平凡，因为我是平凡中的一员。我的心上印着普通人的愿望，眼睛里印着普通人的悲欢，我所探求的也是人们都在探求着的答案。

是的，我平凡，但却无需以你的深沉俯视我，即便我仰视什么，要看的也不是你尊贵的容颜，而是山的雄奇天的高远；是的，我平凡，但却无需以你的深刻轻视我，即便我聆听什么，要听的也不是你空洞的大话，而是林涛的喧响海洋的呼喊；是的，我平凡，但却无需以你的崇高揶揄我，即便我向往什么，也永不会是你的空中楼阁，而是泥土的芬芳晨曦的灿烂。

当然，当那些真挚的熟悉的或陌生的朋友提醒或勉励我，不论说对了说错了我都会感到温暖。

孤芳自赏并不能代表美丽也不能说明绚烂，自以为不凡更不能象征英雄气概立地顶天。

我承认，我的确很平凡。平凡得像风像水像雪……然而，平凡并非没有自豪的理由，并非没有魅力可言。

风很平凡，如果吹在夏天；水很平凡，如果是沙漠中的一泓清泉；雪很平凡，如果飘落在冬日与春日之间……

我欣赏这样的平凡，我喜爱这样的平凡，我也想努力成为这样的平凡。

海边的遐想

一排排涌浪涤荡着心头的尘埃，灵感被浪涛击伤，裸露着一片苍白。时间满面晦暗，没有了往日的神气今日的风采，我的眼睛，久久驻扎在流逝的过去与遥远的未来。

翩飞的海鸥无忧无虑拍打船舷撞击胸口，如果飞翔便是价值便是愉悦，又何必向看着你的人解释表白。人类总觉得光阴苦短道路漫长，世世代代不知有多少英雄豪杰仰首问苍穹：生命为什么不能飞起来？

恋人们留恋沙滩仿佛当年战士钟情炮台，一枚枚在这里枯萎的贝壳，却烂漫在千里之外。瞧，人类有多贪心，来一趟海边却想捎走一个大海，可谁不是期望自己的视野里，总是满目葱茏一脉青黛。

妇女们平静地用银梭编织着海里惊心动魄的故事，搁浅岸边的斑驳古船，只能靠回忆享受出征的辉煌大海的澎湃。呜咽的螺号是波涛上最动人的音乐，蔚蓝的情愫穿过世纪之门响彻千秋万代。

身后的城市，仿佛是一座幕起又幕落的舞台，最出色的演员不在舞台上而在生活中，不知这是不是人生的幸事和艺术的悲哀。

看海与出海真是两种生活两种境界，一种是把眼睛给了海，一种是把生命给了海。

如果心胸不似海又怎样干海一样的事业，如果心胸真似海任何事业岂不又失去了光彩……

我喜欢出发

我喜欢出发。

凡是到达了的地方，都属于昨天。哪怕那山再青，那水再秀，那风再温柔。太深的流连便成了一种羁绊，绊住的不仅有双脚，还有未来。

怎么能不喜欢出发呢?没见过大山的巍峨，真是遗憾；见了大山的巍峨没见过大海的浩瀚，仍然遗憾；见了大海的浩瀚没见过大漠的广袤，依旧遗憾；见了大漠的广袤没见过森林的神秘，还是遗憾。世界上有不绝的风景，我有不老的心情。

我自然知道，大山有坎坷，大海有浪涛，大漠有风沙，森林有猛兽。即便这样，我依然喜欢。

打破生活的平静便是另一番景致，一种属于年轻的景致。真庆幸，我还没有老。即便真老了又怎么样，不是有句话叫“老当益壮”吗?

于是，我还想从大山那里学习深刻，我还想从大海那里学习勇敢，我还想从大漠那里学习沉着，我还想从森林那里学习机敏。我想学着品味一种缤纷的人生。

人能走多远？这话不是要问两脚而是要问志向；人能攀多高？这事不是要问双手而是要问意志。

于是，我想用青春的热血给自己树起一个高远的目标。不仅是为了争取一种光荣，更是为了追求一种境界。目标实现了，便是光荣；目标实现不了，人生也会因这一路风雨跋涉变得丰富而充实；在我看来，这就是不虚此生。

是的，我喜欢出发，愿你也喜欢。

雨的随想

有时，外面下着雨心却晴着；又有时，外面晴着心却下着雨。世界上许多东西在对比中让你品味。心晴的时候，雨也是晴；心雨的时候，晴也是雨。

不过，无论怎么样的故事，一逢上下雨便难忘。雨有一种神奇：它能弥漫成一种情调，浸润成一种氛围，镌刻成一种记忆。当然，有时也能瓢泼成一种灾难。

春天的风沙，夏天的溽闷，秋天的干燥，都使人们祈盼着下雨。一场雨还能使空气清新许多，街道明亮许多，“春雨贵如油”，对雨的渴盼不独农人有。

有雨的时候既没有太阳也没有月亮，人们却多不以为忤。或许因为有雨的季节气候不太冷，让太阳一边凉快会儿也好。有雨的夜晚则另有一番月夜所没有韵味。有时不由让人想起李商隐“何当共剪西窗烛，却话巴山夜雨时”的名句。

在小雨中漫步，更有一番难得的惬意。听着雨水轻轻叩击大叶杨或梧桐树那阔大的叶片时沙沙的声响，那种滋润到心底的美妙，即便是理查德·克莱德曼钢琴下流淌出来的《秋日私语》般雅致的旋律也难以比拟。大自然鬼斧神工般的造化，真是无与伦比。

一对恋人走在小巷里，那情景再寻常不过。但下雨天手中魔术般多了一把淡蓝色的小伞，身上多了件米黄色的风衣，那效果便又截然不同。一眼望去，雨中的年轻是一幅耐读的图画。

在北方，一年365天中，有雨的日子并不很多。于是若逢上一天，有雨如诗或者有诗如雨，便觉得奇好。

思念是一种美丽的孤独

思念是一种美丽的孤独。

也只有在思念的时候，孤独才显得特别美丽。

思念是一种幸福的忧伤，是一种甜蜜的惆怅，是一种温馨的痛苦。思念是对昨日悠长的沉湎和对美好未来的向往。

正是在不尽的思念中，人的感情得到了净化和升华。

没有距离，便没有思念。当轮船的汽笛拉响，当火车汽笛长鸣，当汽车的轮子开始转动，当飞机冲出跑道腾空而起，思念便开始了。

也正是因为有了思念，才有了久别重逢的欢畅，才有了意外邂逅的惊喜，才有了亲友相聚时的举杯庆贺。

思念折磨人，也锻炼人，更铸造了人性格的沉稳和感情的深沉。

思念别人是一种温馨，被别人思念是一种幸福，当然，前提是——彼此思念。

否则，单相思是一种哀愁，只被别人思念是一种负担。

因为思念，月光被注入了人类浓郁的感情。

月亮弯的时候，思念也弯；月亮圆的时候，思念也圆。不论月亮是弯是圆，思念都是一首皎洁的诗。

思念可以让你流泪，思念也可以让你含笑。

不论你是哭着思念，还是笑着思念，在思念的时候，你都会心无旁骛。

的确，思念也是一种纯净。

思念在朗月下，思念在黄昏里，思念在秋雨中，美丽的景致，更易勾动人思念的情怀。

美丽的景致，也更衬托出思念那些苍凉的美。

伴随着不尽思念而来的必然是漫长的等待。美国女诗人狄金森说："等待一万年不长，如果终于有爱作为补偿。"这真也可以说是一种思念中的忠贞与豁达。

不论怎么说，思念都是一笔巨大的精神财富。一枚枚凝聚着深情的邮票，一封封散发着温馨的信笺，都是这笔精神财富的内容。

岁月尽可以像落叶一样飘逝，但这笔财富永存。在你迢迢的人生旅途中，它会永远陪伴着你，给你绵绵不绝的温馨和取之不竭的力量。

磨　难

磨难有如一种锻炼，一方面消耗了大量体能，一方面却又强身健骨。

对待磨难有两种态度。一种是主动迎接，一种是被动承受。古时的斯巴达青年，迫于风俗的压力，每年都要在神坛上承受笞刑，以增强忍受磨难的耐力，则同时具有主动和被动这两种因素。

主动迎接磨难的人，在忍受磨难的痛苦时，内心多是坦然的，磨难使他好像刀剑愈见锋芒；被动承受磨难的人，在为磨难所煎熬时，内心多充满惶惑，磨难使他仿佛卵石愈见圆滑。

过多的磨难，对于一个英雄来说，或许是件幸事，诚如孟子所言："天将降大任于斯人也，必先苦其心志，劳其筋骨，饿其体肤，空乏其身，行拂乱其所为，所以动心忍性，增益其所不能。"而对于一个国家来说，却无论如何是一种不幸，中国的近代史已把这一点昭示得清清楚楚。古人言：多难兴邦。这只是一种狭义上的真理，而不是广义上的真理。

英国作家希尔顿在他的小说《失去的地平线》中，虚构了一个地名——香格里拉。后人多把香格里拉喻为世外桃源。遗憾的是，人们命运中的香格里拉总成虚幻，而生命中坦塔罗斯式的磨难却是百分之百的真实。

就人生而言，总是从平坦中获得的教益少，从磨难中获得的教益多；从平坦中获得的教益浅，从磨难中获得的教益深……因此，若想做一个非常平凡的人，则是磨难少一些更好；若想做一个出类拔萃的人，则不妨多经历些磨难。

人的容颜往往和磨难成反比，人的魅力往往和磨难成正比。

磨难能使人优秀，也证明着这种优秀。如果既想优秀，又想远避磨难，这样的事情几乎是不可能的。

恋　爱

在感情上，当你想征服对方的时候，实际上已经在一定程度上被对方征服了。首先是对方对你的吸引，然后才是你征服对方的欲望。

恋人之间，宜小别不宜久别；朋友之间，宜长别不宜小别。

爱情是自私的，因为自私就容易产生嫉妒，不论是男人还是女人，有一点嫉妒心是可以理解的，但是若嫉妒心太强，则不是使自己变得可怜，便是使自己变得可笑。

男人为痛苦流泪说不上刚强，男人若为幸福流泪，却显得侠骨柔情。

我觉得过早恋爱或过迟恋爱都不太好。太早恋爱，因为不懂得爱，往往糟蹋了爱；太迟恋爱，则会影响爱的纯洁度。

异性之间，恋人比朋友容易反目，这是恋爱关系不如朋友关系的地方；朋友没有恋人亲近，这是朋友关系不如恋人关系的地方。

如果爱上了，就不要轻易放过机会。莽撞可能使你后悔一阵子，怯弱却可能使你后悔一辈子。

没有经历过爱情的人生是不完整的，没有经历过痛苦的爱情是不深刻的。爱情使人生丰富，痛苦使爱情升华。

有一句俗话说：男人追女人隔座山，女人追男人隔层纸。尽管如此，在实际生活中，男人往往能追到他喜欢的女人，女人却得不到她喜欢的男人。原因是：男人不怕翻山越岭，女人却怕伤了手指头。

初恋，不一定能够成功，却是幸福的；婚姻，已是一种成功，却不一定幸福。

难忘初恋，珍重婚姻。

汪国真画作欣赏

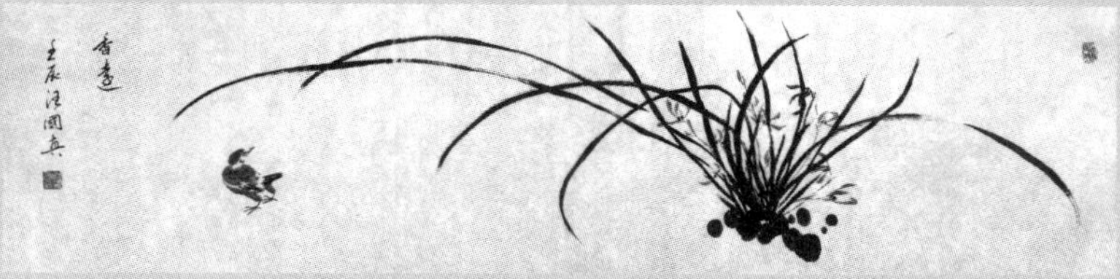

香远
壬辰 汪国真

辛卯
汪国真
诗书画
于京华

壬辰 汪国真

秋色 甲午 汪国兵

绿了芭蕉 甲午 汪国兵

壬辰 汪国兵诗书画

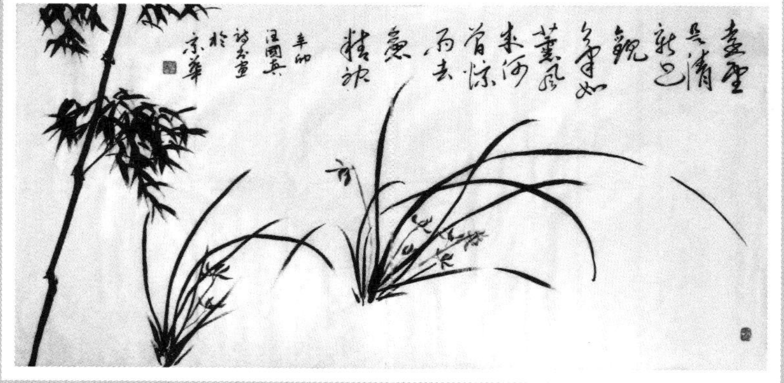
辛卯 汪國真

幽兰 壬辰 汪國真

雄姿 乙丑春 汪国真写

壬辰 汪国真

清幽
戊子秋
汪国真
写

壬辰
汪国真
写

汪国真书法作品欣赏

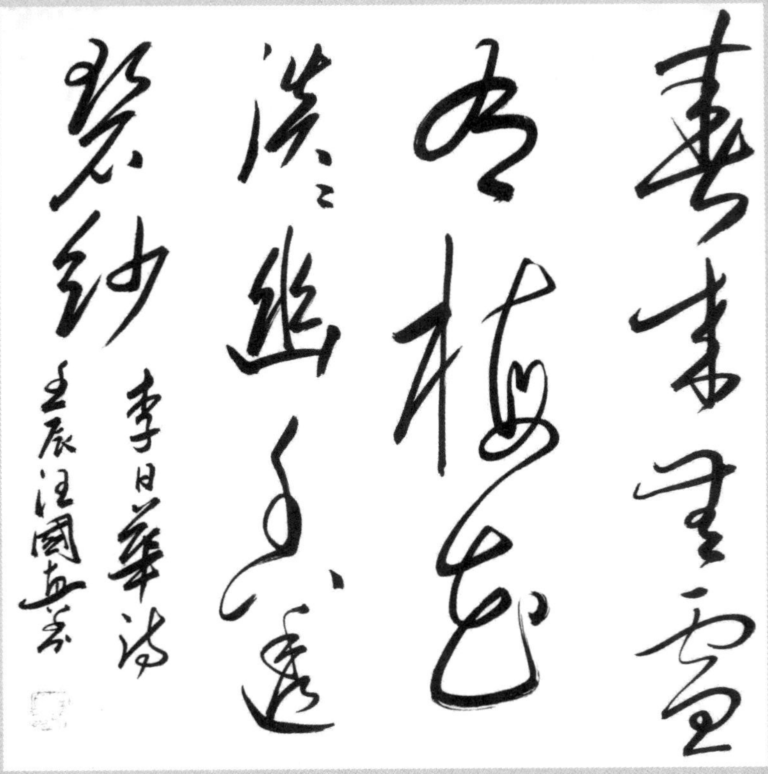

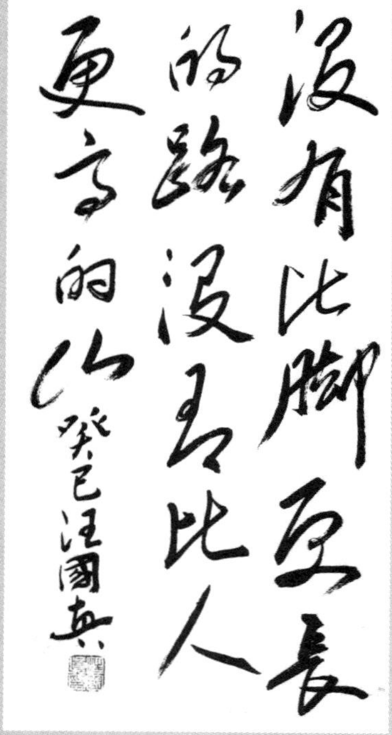
没有比脚更长的路
没有比人更高的山
癸巳汪國真

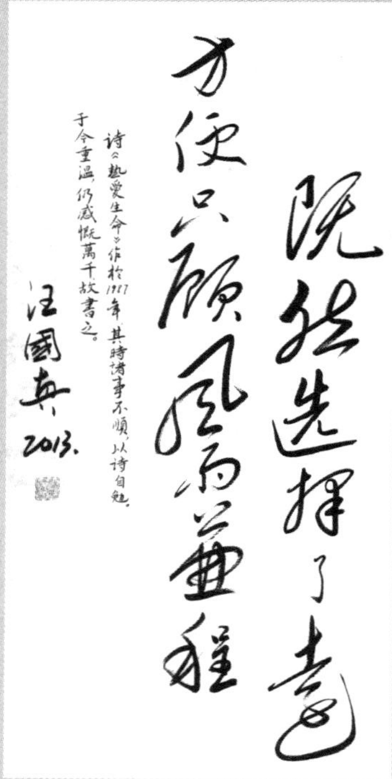
既然选择了遠方
便只顾風雨兼程
诗《熱愛生命》作於1987年，其時諸事不順，以诗自勉，于今重温，仍感慨萬千，故書之。
汪國真 2013.

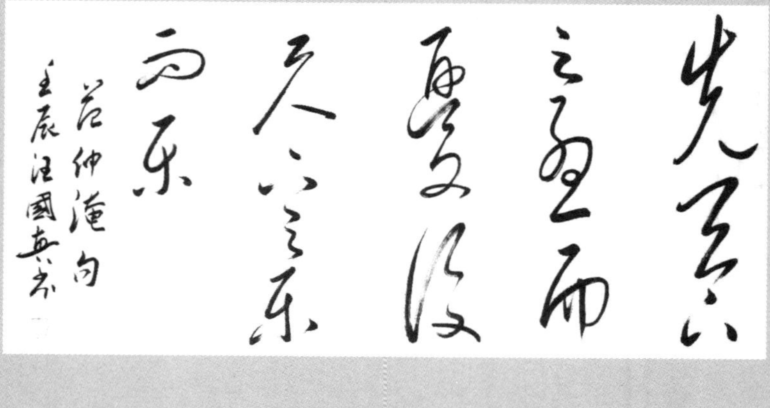
范仲淹句
壬辰汪國真书

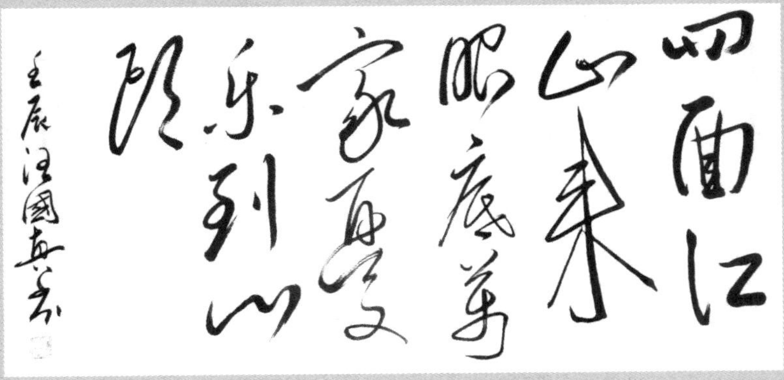
四面江山来眼底
万家忧乐到心头
壬辰汪国真书

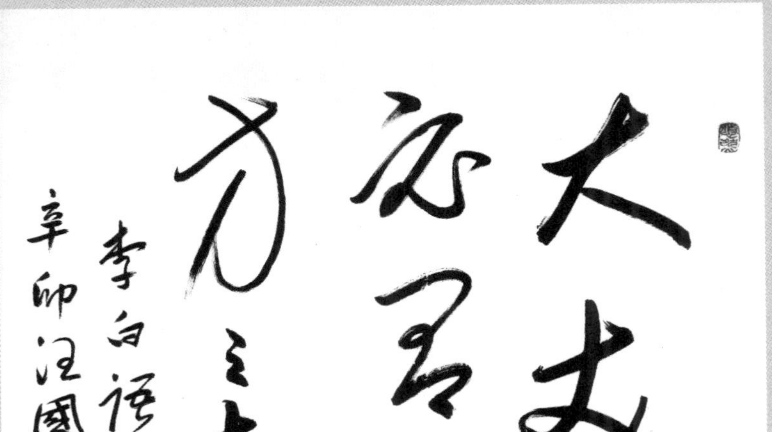
大丈夫必有四方之志
李白语
辛卯汪国真书

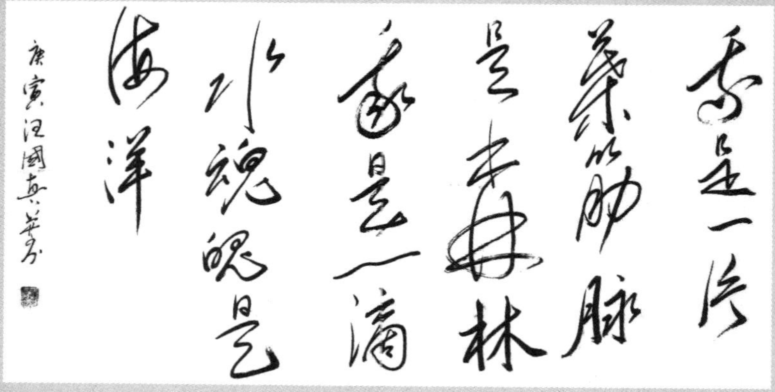
庚寅汪国真书

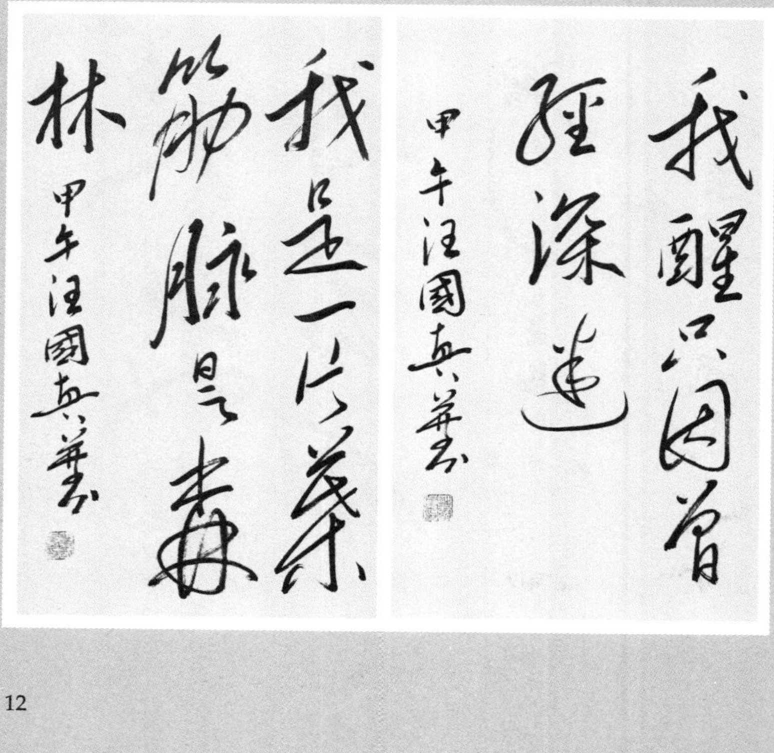
甲午汪国真书
甲午汪国真书

戊子春
汪国真

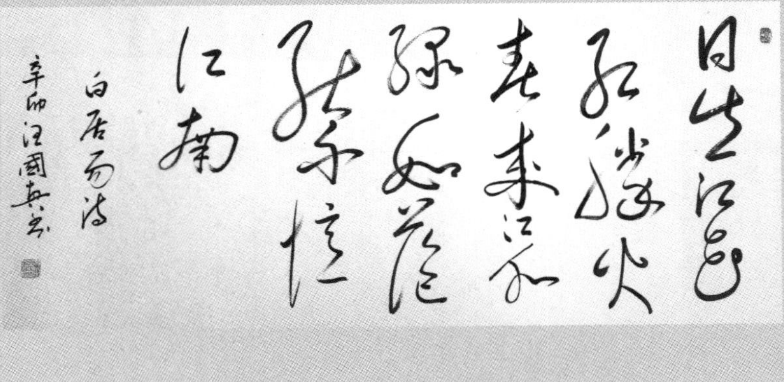
日出江花红胜火
春来江水绿如蓝
能不忆江南
白居易诗
辛卯汪国真书

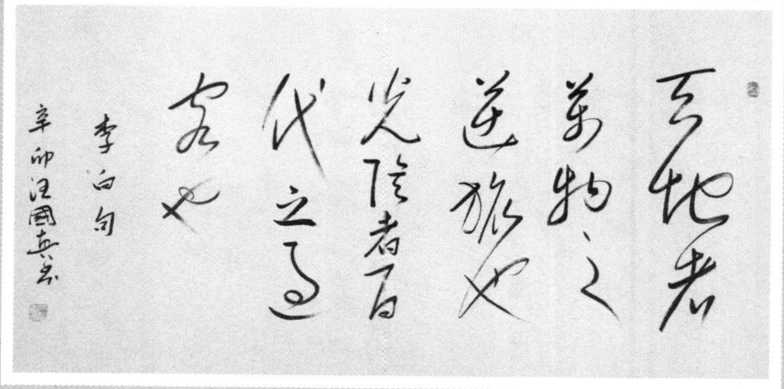
夫天地者万物之逆旅也光阴者百代之过客也
李白句
辛卯汪国真书

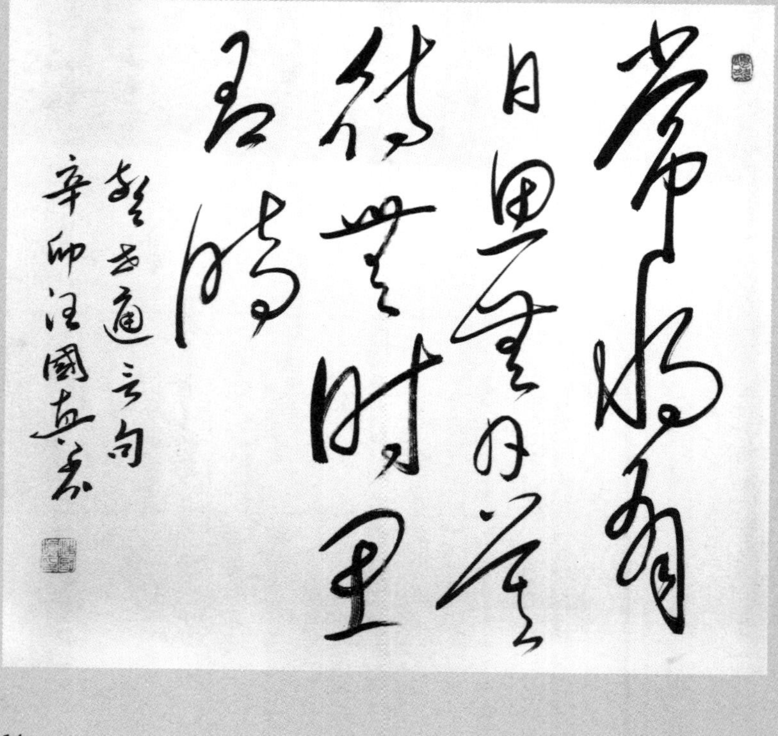
辛卯汪国真书

· 名家经典系列

读名家经典，赴时光盛典！！！

《边城·虎雏·湘行散记》
——沈从文经典作品选
定价：28.80 元

《朝花夕拾·呐喊》
——鲁迅经典作品选
定价：27.00 元

《城南旧事》
——林海音经典作品选
定价：29.80 元

《稻草人》
——叶圣陶经典作品选
定价：26.80 元

《繁星·春水》
——冰心经典作品选
定价：29.80 元

《子夜》
——茅盾经典作品选
定价：29.80 元

《骆驼祥子》
——老舍经典作品选
定价：29.80 元

《四世同堂》
——老舍经典作品选
定价：59.80 元

《人间词话》
——王国维经典作品选
定价：29.80 元

《茶馆》
——老舍经典作品选
定价：29.80 元

《寄小读者》
——冰心经典作品选
定价：29.80 元

《培根随笔集》
定价：29.80 元

《你是人间四月天》
——林徽因经典作品选
定价：29.80 元

《呼兰河传》
——萧红经典作品选
定价：29.80 元

《朱自清散文选》
定价：29.80 元

《月亮与六便士》
——毛姆经典作品选
定价：29.80 元

《白洋淀纪事》
定价：29.80 元

《人类群星闪耀时》
定价：29.80 元

《飞鸟集》
——泰戈尔经典作品选
定价：22.80 元

《新月集》
——泰戈尔经典作品选
定价：22.80 元

《老人与海》
定价：26.80 元

《小王子》
定价：26.80 元

《1984》
定价：32.80 元

《了不起的盖茨比》
定价：29.80 元